BEI GRIN MACHT SICH IHR WISSEN BEZAHLT

- Wir veröffentlichen Ihre Hausarbeit, Bachelor- und Masterarbeit

- Ihr eigenes eBook und Buch - weltweit in allen wichtigen Shops

- Verdienen Sie an jedem Verkauf

Jetzt bei www.GRIN.com hochladen und kostenlos publizieren

GRIN ☺

Luise Ostendoerfer

Alleinerziehende Eltern= eingeschränkte Unterstützung im (Schul)Leben ihres Kindes/ihrer Kinder?!

Vereinbarung von Beruf und Familie aus verschiedenen Perspektiven

GRIN Verlag

Bibliografische Information der Deutschen Nationalbibliothek:

Die Deutsche Bibliothek verzeichnet diese Publikation in der Deutschen National-
bibliografie; detaillierte bibliografische Daten sind im Internet über http://dnb.d-
nb.de/ abrufbar.

Impressum:

Copyright © 2007 GRIN Verlag GmbH
Druck und Bindung: Books on Demand GmbH, Norderstedt Germany
ISBN: 978-3-640-98125-0

Dieses Buch bei GRIN:

http://www.grin.com/de/e-book/175926/alleinerziehende-eltern-eingeschraenkte-
unterstuetzung-im-schul-leben

GRIN - Your knowledge has value

Der GRIN Verlag publiziert seit 1998 wissenschaftliche Arbeiten von Studenten, Hochschullehrern und anderen Akademikern als eBook und gedrucktes Buch. Die Verlagswebsite www.grin.com ist die ideale Plattform zur Veröffentlichung von Hausarbeiten, Abschlussarbeiten, wissenschaftlichen Aufsätzen, Dissertationen und Fachbüchern.

Besuchen Sie uns im Internet:

http://www.grin.com/

http://www.facebook.com/grincom

http://www.twitter.com/grin_com

Alleinerziehende Eltern= eingeschränkte Unterstützung im (Schul)Leben ihres Kindes/ihrer Kinder?!

-Vereinbarung von Beruf und Familie aus verschiedenen Perspektiven

Gliederung

1. Familienleben heute
2. Entstehungszusammenhänge der Lebensform „Alleinerziehende"
3. Einelternfamilie
4. Beruf und Familie –die Vereinbarungsarrangements Alleinerziehender
5. Die Wahrnehmung von Vor-& Nachteilen des allein Erziehens im Vergleich zur Elternfamilie
6. Neue Partnerbeziehungen von Alleinerziehenden

Familienbilder – geschichtlicher Überblick

17./18. Jahrhundert
Präkapitalistische Gesellschaft

· Frauen leisten Re-, Produktionsarbeit
· Familienbetrieb
  - Produktion des ganzen Hauses

Kapitalistische Gesellschaft

· Frau aus öffentlicher & gesellschaftlicher Sphäre verbannt
· Familie: Ort des Zusammenlebens, aufopfernde Liebe

50er Jahre

· „Hoch" zeit der Familie

· Nachkriegsgenerationen

- Aufbruchs-, Aufbaustimmung, relativer Wohlstand

60er Jahre

· Infragestellung der Gesellschaftsordnung

· Studentenbewegung, Bürgerrechtsbewegung

· Ziele: Individualisierung, Emanzipation, Pluralisierung der Lebensformen

"Familie im Sinne des Grundgesetzes ist nicht jede beliebige Gruppe, die sich zu einer familienähnlichen Gemeinschaft zusammentut, sondern die Gemeinschaft von Eltern und Kindern, also die Kleinfamilie moderner Prägung... Das Grundgesetz sieht dabei die Ehe als alleinige Grundlage einer vollständigen Familiengemeinschaft an."

Kölner Familienrechtler Wolfgang Rüfner (1989, S. 63)

Gegenwart:„Wiederkehr der Vielfalt"

· Ehe erfährt einen Bedeutungsrückgang
· Tief verankert ist das gesellschaftliche ideal Bild der Kernfamilie.

Adoptivfamilie, Ein-Eltern-Familie, Großfamilie, Kernfamilie, Kleinfamilie, Lebensabschnittspartnerschaften, Mehrgenerationenfamilie, nichteheliche Lebensgemeinschaften, Patchwork-Familie, Pflegefamilie, SOS-Kinderdorf-Familie, Stieffamilie, Wohngemeinschaft,…

Lebensform: Alleinerziehende

· unzureichend geeignet für eine gedeihliche Entwicklung der Kinder
· unvollständige Familie

Negative Einstellung gegenüber der Lebensform aufgrund der Belastung:

Hausarbeit   Erwerbsarbeit   Erziehungsarbeit   Betreuungsarbeit

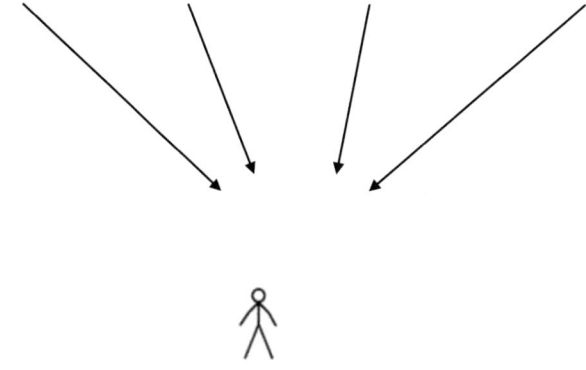

- Zwang: Familie durch einen neuen Partner zu „komplettieren"?!

Interviews

Ich befragte 5 Elternteile, aus Standartfamilien. Sie sind ebenfalls in Standartfamilien aufgewachsen, haben heute 2-3 Kinder und waren zwischen 45 und 62 Jahre alt. Ich befragte 2 Männer und 3 Frauen. Einen Fragebogen erstellte ich nicht, da die Befragten sich unbefangene Gedanken zur Lebensform „Allein erziehend" machen sollten. Die Tabellen sind nach der Häufigkeit der Nennung geordnet, wobei das am häufigsten genannte oben in der Tabelle und das seltener genannte weiter unten in der Tabelle steht.

Alle Elternteile gaben ähnliche Antworten:

„...das ist eine sehr problematische Situation..."- Alle.

„...alles wird auf eine Person geladen...wir konnten es uns erlauben, dass C. die ersten sechs Jahre aus ihrem Beruf ausstieg und die Kinder (3) aufzog..."- Vater von drei Kindern (20 Jahre, 18 Jahre, 16 Jahre).

3

„…am schlimmsten finde ich es, dass man immer auf Hilfe angewiesen ist…"- Mutter von zwei Kindern (12 Jahre/ 17Jahre).

„…die doppelte Belastung als Erwerbstätige und Mutter stelle ich mir sehr schwierig vor, schließlich habe ich jetzt schon oft Probleme den Alltag zu koordinieren…"- Mutter von zwei Kindern (5 Jahre/8 Jahre).

Entstehungszusammenhänge der Lebensform „Alleinerziehende"

- Entscheidung für eine Lebensform überwiegend selbstbestimmt und freiwillig
  - ⇨ niemand wird gezwungen in einer bestimmten Form zu leben
- Trennung/ Scheidung heute häufiger als früher

- Unterschiede bei Alleinerziehenden:
  - ⇨ Ausgangssituation: - Alleinerziehend seit der Schwangerschaft
    - Alleinerziehend seit einer Trennung/Scheidung
  - ⇨ entweder bewusst selbstbestimmt / freiwillig gewählt oder gezwungenermaßen/ ungewollt

- Ursachen:
  - ⇨ Auseinanderleben, außereheliche Beziehungen, Vater der Kinder nur Urlaubsbekanntschaft, Gewalttätigkeit des Partners, Krankheit des Partners, hohe Schulden etc.

- „Alleinerziehend" = individueller Umgang mit den Gegebenheiten

- objektiv: 3 Gruppen: - *freiwillig*
  - *bedingt freiwillig*
  - *ungewollt (+ zwangsläufig)*

- subjektiv: 4 Gruppen

4

- 2 Faktoren bei der Entstehungssituation:
  - ⇨ Umfang und Art externer Zwänge z.B. Tod des Partners; Verlassen werden;

    Keine andere Wahl
  - ⇨ Ausmaß der Selbstbestimmtheit einer Handlung

- *Freiwillig:*
  - ⇨ dem eigenem Empfinden nach; weitgehend selbstbestimmt; aktiv für die Lebensform entschieden
- *bedingt freiwillig:*
  - ⇨ Wahl zwischen 2 eher positiven Alternativen; nach eigener Einschätzung für bessere entschieden
- *zwangsläufig:*
  - ⇨ aus subjektiver Sicht zwischen 2 eher schlechten Alternativen wählen; erst unter erheblichem Handlungsdruck entschieden
- *ungewollt:*
  - ⇨ keine andere Wahl

- bei freiwillig Alleinerziehenden:
  - ⇨ Anteil der Selbstbestimmtheit hoch, externe Zwänge niedrig

- bei ungewollt Alleinerziehenden:
  - ⇨ Anteil der Selbstbestimmtheit niedrig, externe Zwänge hoch

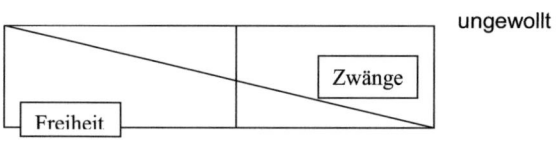

	ungewollt
Zwänge	
Freiheit	

Freiwillig   bedingt freiwillig

5

„Einelternfamilien"

- „Eltern" => althochdeutsch „die Älteren"
    - ⇨ nur eine Generation, älter als die Kinder
- „Mutter" und „Vater" => lateinisch „Urheber"
    - ⇨ Erzeuger und Gebärerin des Kindes
- eventuell Urform der menschlichen Familie
- auch Mutter- oder Vaterfamilie genannt
- Die Begriffe Alleinerziehende, Einelternfamilien, Mutter- und Vaterfamilie können gleichberechtigt verwendet werden

- Einelternfamilie = 1 Erwachsener und mindestens 1 lediges Kind in einer Hausgemeinschaft

- Abgrenzung zu anderen Formen familialen Lebens:
    - ⇨ Alleinverantwortlichkeit für alle Belange des täglichen Lebens
    - ⇨ Notwendigkeit, Einelternschaft und Berufstätigkeit zu verbinden, um Familie ökonomisch sicher zustellen
    - ⇨ Vorherrschende dyadische Beziehung zwischen alleinerziehendem Elternteil und dem Kind
    - ⇨ Leben eines Elternteils des Kindes außerhalb des Haushalts

- jeder 4. Haushalt alleinerziehender Väter und jeder 6. Haushalt alleinerziehender Mütter weisen noch weitere erwachsene Personen auf
- Zahl der „echten" Alleinerziehenden in der Bundesrepublik wird mit 15-20% zu hoch geschätzt

Interviewpartner I: Alleinerziehende Mutter
- Alter: 48 Jahre
- Lebt seit 11 Jahren geschieden
- Gründe für die Trennung: Auseinandersetzungen und Differenzen wegen der Kindererziehung und Ehemann war oft geschäftlich unterwegs

- Sie hat 2 Kinder; eine Tochter 17 Jahre alt und einen Sohn 21 Jahre alt
- Seit 8 Jahren hat sie einen neuen Lebenspartner, der sich jedoch nicht an der Kindererziehung beteiligt
- Zu Beginn hatte die Trennung Auswirkungen auf das Sozialverhalten und die schulischen Leistungen der Kinder
- Die Kinder sind bei der Mutter aufgewachsen und sehen den Vater meist nur am Wochenende
- Nach der Scheidung vereinbarte sie Beruf und Familie, indem sie nur noch halbtags arbeiten ging
- Sie hat sich Hilfe gesucht , indem sie eine Tagesmutter arrangierte für Tage an denen sie länger arbeiten musste oder aus ging
- Täglich hatte die Mutter ca. 4 Stunden Zeit für ihre Kinder
- Sie unternehmen heute eher wenig, da die Kinder beide groß sind und andere Interessen teilen
- Auch in schulische Angelegenheiten ist die Mutter eher nicht involviert, sie schaut sich zum Halbjahresende nur die Zeugnisse an, da ihre Kinder eigenständig lernen und das Abitur machen
- Die Mutter besucht die Elternsprechtage und unterstützt ihre Kinder mit Nachhilfelehrer
- Durch die Trennung hat sie vieles durchgehen lassen, was sie für gewöhnlich nicht dulden würde, da ihr die Kinder sehr leid tan und sehr gelitten haben

Interviewpartner II

- männlich
- 22 Jahre alt
- Student aus Berlin
- ist bei seinem Vater seit dem 12. Lebensjahr aufgewachsen (alleinerziehender Vater selten→ interessant!)
- hat eine Schwester, lebt bei der Mutter
Interviewpartner hat sich bewusst dafür entschieden beim Vater zu leben (emotional stärkere Verbindung)
- Eltern sind in Frieden auseinander gegangen (kein Stress)

- Trennung wurde nicht negativ empfunden, da Zeit danach positiv war1997 waren 16.7% aller Alleinerziehenden Männer → der Anteil steigt auch heutzutage immer mehr an

Beruf und Familie- Vereinbarungsarrangements Alleinerziehender

- Die Alleinerziehendenforschung dokumentiert den hohen Stellenwert der Berufstätigkeit für alleinerziehende Frauen
- Auf der Grundlage einer Telefonbefragung wird untersucht, ob die Vereinbarung von Beruf und familie als Belastend erlebt wird
- Die Mütter, die sich belastet fühlen schildern konkret diese Belastungen und stellen ihre „hilfreichen" Bewältigungsstrategien dar
- Bei dieser Befragung wurde deutlich, dass in den alten Bundesländern 73% der alleinerziehenden Frauen erwerbstätig sind, während in den neuen Bundesländern nur 57% erwerbstätig sind
- Der Rückgang der Erwerbsbeteiligung in den neuen Bundesländern, im Verhältnis zu Zeiten der DDR, liegt z.T auch an der ungünstigen Arbeitsmarktsituation
- Eine Folie demonstriert, dass Beruf und Familie für 42% der Frauen überwiegend als belastend empfunden werden und 58% die Vereinbarung als positiv bewerten. Von 49 Befragten, die ihr Vereinbarungsarrangement positiv bewerten, begründen 34 Alleinerziehende diese mit günstigen Begleitumständen: Sie haben Zeit für sich, bekommen Hilfe bei der Kinderbetreuung oder haben schon ältere, selbstständige Kinder
- Zu den Bewältigungsstrategien, die von den Müttern aufgeführt werden, zählen: Arbeitszeit reduzieren, neuen Arbeitsplatz suchen, die Betreuung via Telefon vom Arbeitsplatz aus vollziehen und das Kind mit zur Arbeitsbesprechung nehmen

- Finanzielle Situation: Kindergeld!
- Es wird kein Unterhalt gezahlt, sei es von der Mutter an den Sohn, als auch von dem Vater an die Tochter (beide Eltern verdienen das gleiche in etwa→ Absprache, Fairness, Einigung!

- Vater: Außenhandelskaufmann, arbeitet viel, ist zeitlich sehr an seinen Job gebunden
- Wenig Zeit für Erziehung: Prinzip: die Kinder gehen früh ihren eigenen Weg, sind selbstständig (wurde positiv von Interviewpartner empfunden)
- Bei der Mutter wurde oft Mittag gegessen (wohnt nur 2 km entfernt!)
- Interviewpartner machte viel Sport, war tagsüber mit Training beschäftigt
- Weniger Training: Aufmerksamkeitsmangel? Vernachlässigungsgefühl?!
- Vater hat Haushaltshilfe (zur Not Mutter und Großeltern)
- 2-3 Bezugspartner (Vater, Mutter (Schwester))
- Vater nahm sich einmal die Woche Zeit für den Sohn (Sportschau), sonst nur am Wochenende
- Eltern verstehen sich noch, kommunizieren oft
- Vater arrangiert zu Elternabenden zu gehen oder zu Schulfesten (ist aber nicht aktiv beteiligt)
- Ist an Noten, Inhalten und Themen des Sohnes in der Schule interessiert
- Geld für Schulangelegenheiten und Nachhilfe wurde zur Verfügung gestellt

Die Wahrnehmung von Vor- und Nachteilen des allein Erziehens aus Sicht der Elternfamilie

Positiv	Negativ
• Entscheidungsfreiheit	• Alleinige Bewältigung vieler Aufgaben
• Selbständigkeit	• auf Hilfe angewiesen
• Handlungsfreiheit	- Anhängigkeitsverhältnis
• Alleinverantwortung	(Kinderbetreuung)
• Unabhängigkeit	• Erwerbstätigkeit & Familienarbeit verbinden
• Vorteile für das Kind	(Rolle als Hauptversorger & Mutter)
	• finanzielle Benachteiligung
• finanzielle Vergünstigungen	• Stellensuche
• Vermeidung von Partnerschaftsproblemen	• Sozialhilfequote

• wenig Erholungsmöglichkeiten
• Nachteile für das Kind
• Alleinverantwortung
• fehlende Partnerschaft
• Diskriminierung der Lebensform
• Verlust sozialer Kontakte

Selbsteinschätzung der Elternfamilie

Positiv	Negativ
• Aufgabenverteilung	• Gebundensein-Ansprachen
• Vereinbarung von Familie und Beruf	• Partnerschaftskonflikte
• Unterstützung	
• Vorteile für das Kind	
• Finanzielle Vorteile	
• mehr Erholungsmöglichkeiten	

Neue Partnerbeziehungen von Alleinerziehenden

- In Bezug auf das Kind entstehen zwischen den neuen Partnern der Eltern häufig freundschaftliche Beziehungen
- Neue Partner übernehmen selten die Vater- bzw. Mutterrolle und auch als Erziehungsverantwortliche treten sie nur selten in Erscheinung
- Neue Beziehung: oft Entlastungsfunktion im Alltag; Zugewinn im emotionalen Bereich für die Alleinerziehenden
- Jüngere Alleinerziehende (unter 35 Jahre) gehen öfter eine neue Partnerschaft ein
- Ein höheres Bildungsniveau und Berufstätigkeit von Alleinerziehenden wirken sich ebenfalls positiv auf ein Zustandekommen einer neuen Partnerschaft aus
- 1/3 der Alleinerziehenden leben in einer neuen Partnerschaft

<u>Interviewergebnisse:</u>

- Beide Eltern hatten immer mal wieder einen neuen „Lebensabschnittspartner"
- Haben nicht zur Erziehung beigetragen, keine große Beziehung ist entstanden
→ Fernbeziehung (weite Entfernung, kein gemeinsames Leben)

Interview mit Psychotherapeutin:
- Anteil von Scheidungskindern bei ihren Patienten relativ hoch
<u>Allgemein:</u>

⇨ Für die Kinder ist eine Scheidung immer ein Trauma/ eine Belastung!
⇨ Es geht eine gewisse Sicherheit im Leben verloren
⇨ Besonders bei Kindern im Grundschulalter
- je jünger die Kinder umso schlimmer, da sie ihre Gefühle noch nicht äußern könne und noch sprachliche Probleme haben
⇨ Wichtig ist auch, wie sich die Eltern trennen: im Guten oder im Bösen
⇨ Schwierigkeiten bei der Entscheidung des Sorgerechts, da Kinder sehr darunter leiden und sich die Eltern noch nach der Trennung weiterhin um die Kinder streiten => Eltern oft uneins
⇨ Immer mehr alleinerziehende Väter
⇨ Eltern haben oft wenig Zeit; Kinder verbringen ihre Nachmittage in Horts, besonders kleine Kinder sehr lange

<u>Tiefere Probleme bei Kindern:</u>

⇨ Kinder sind innerlich zerrissen
⇨ Es entstehen Loyalitätskonflikte
=> Eltern achten sich nicht mehr

=> die Kinder müssen bei geteiltem Sorgerecht oft in 2 Welten hin und her wechseln, z.B. 2 Wochen bei Mama, 2 Wochen bei Papa

=> Kinder verbrauchen dadurch sehr viel Energie und daraus resultieren soziale Probleme sowie Leistungsprobleme

⇨ Kinder als Partnerersatz; Kinder übernehmen oft die Partnerrolle und Elternfunktion

⇨ Elternteil kommt mit seinem Kind oft wegen Leistungsproblemen zur Therapie, z.b. Kinder drohen von der Schule zu fliegen

⇨ Abstieg von Leistungen ist den Eltern oft wichtiger als anderes

⇨ Leistungsschwierigkeiten = Ausdruck von emotionalen Problemen, nicht kognitive Fähigkeiten

Inwieweit betrifft dieses den Lehrer?

⇨ Es wäre sehr schön, wenn die Lehrer so etwa wüssten, da sie somit die Kinder besser verstehen, einordnen und einschätzen können

⇨ Lehrer sind oft dankbar, wenn sie so etwas wissen

⇨ Lehrer setzen sich bei schwerwiegenden Problemen mit dem Therapeuten in Verbindung

⇨ Eltern haben meistens Vorwürfe den Lehrern gegenüber; sie würden sich nicht richtig kümmern etc. => Eltern suchen immer woanders die Schuld

⇨ Lehrer fordern die Eltern auf sich mehr mit ihren Kindern betreffend der Schule zu beschäftigen

⇨ Die schulische Beschäftigung der Eltern mit den Kindern hat sehr zugenommen und ist häufig sogar zu viel

⇨ Eltern nehmen zu viel Verantwortung ab;Kinder werden unselbstständig

Lösungsvorschlag für Alleinerziehende Mütter- Das Mütterzentrum Marburg

Definition Mütterzentrum: Ein öffentlicher Raum der Familienselbsthilfe, in denen sich Frauen über ihre Erfahrungen im Zusammenleben mit Kindern auf gleichberechtigter Ebene tauschen. Dort erfahren die Mütter Entlastung und Anerkennung und sie können Kontakte knüpfen. Mütterzentren richten sich nach dem Rhythmus eines Zusammenlebens mit Kindern.

- Das Mütterzentrum betreut jedoch nicht nur Alleinerziehende, sondern auch Frauen, die sich alleine fühlen, da der Mann z. B oft geschäftlich unterwegs ist und auch um Frauen in der Schwangerschaft.
- Mütter stehen sich gegenseitig bei mit dem Ziel: Mutter sein- frau bleiben
- In Marburg ist das Mütterzentrum ein gemeinnütziger Verein seit 1991 und wird von der Stadt und von Spenden finanziert
- Mütter verwalten das Zentrum selbst
- Bisher mehr als 100 Mitglieder